Willy Pragher

VERKEHRSKNOTEN BERLIN IN DEN 30er JAHREN

EISENBAHN-KURIER

Titelbild:

ELEKTRISCH gegen DAMPF

Am 9. April 1931 fotografierte Willy Pragher vom Dach des ehemaligen AEG-Hauses auf die Berliner Stadtbahn, wo die S-Bahn mit dem dampfenden D-Zug um die Wette fuhr.

Rückseite:

Der Bär, das Berliner Wappentier, wie es als Mahnmal in deutschen Städten die Verbundenheit mit der alten Reichshauptstadt zum Ausdruck bringt.

Sämtliche Aufnahmen,
Text und Gesamtgestaltung
Willy Pragher, Freiburg

ISBN 3-88255-099-6

Eisenbahn-Kurier Verlag GmbH · Postfach 5560
7800 Freiburg i. Brsg.

Verkehrsknoten **Berlin** in den 30er Jahren

Vorwort des Senators für Arbeit und Betriebe, Berlin

Der vorliegende Bildband führt uns zurück in eine Zeit, als das Verkehrswesen Berlins seinen Zenit erreicht hatte. Sowohl der von Berlin ausgehende Fernverkehr als auch die innerstädtischen Transportsysteme standen vom Ende der zwanziger bis zur Mitte der dreißiger Jahre – zum Teil trotz Wirtschaftskrise – an der Spitze in Europa, ja waren sogar führend in der Welt. Aber in dieser Zeit wurde auch die politische Saat ausgebracht, die schon bald darauf Unheil, Zerstörung und Spaltung für Berlin bedeutete und damit auch den Niedergang der beispielhaften Verkehrsanlagen bewirkte.

Heute ist Berlin wieder eine Stadt, in der Zukunftsweisendes auf dem Verkehrssektor geschieht. Zusammen mit dem Wiederaufbau Berlins (West) ist auch das U-Bahn-Netz der Stadt gewachsen. Die Berliner Verkehrsbetriebe (BVG) wickeln auf rd. 105 km U-Bahn-Linien einen modernen, schnellen und zuverlässigen Massenverkehr ab. Die U-Bahn wird noch weiter ausgebaut, sie wird zusätzliche Gebiete erschließen, und sie wird viel stärker als bisher mit der S-Bahn verknüpft werden.

Diese einmalige Chance für den Nahverkehr Berlins und für die Stadtentwicklung überhaupt wird genutzt. Die Übernahme der S-Bahn in westliche Regie und ihre Eingliederung in die BVG eröffnet endlich Perspektiven, die in anderen Städten schon langjährige Selbstverständlichkeiten sind. 71 km S-Bahn werden bereits bedient, 117 km sollen insgesamt wieder in Betrieb gehen. Die nächsten Jahre werden bei der S-Bahn von durchgreifenden Erneuerungen und schrittweiser Netzerweiterung geprägt sein. Schon heute kann man als erste Erfolge der Wiederbelebung dieses traditionsreichen Verkehrsmittels sehen: Bahnhöfe sind renoviert, Züge generalüberholt und vor allem – die Berliner entdecken ihre alte Liebe zur S-Bahn wieder neu.

U- und S-Bahn werden in nächster Zukunft mehr und mehr das Rückgrat des öffentlichen Personennahverkehrs der Stadt sein. Der Autobusverkehr wird mit seinem engmaschigen Angebot das Schnellbahnnetz optimal ergänzen, so daß der innerstädtische Verkehr in Berlin einer neuen Blüte entgegengeht.

Lebenswichtig für Berlin sind gute Verkehrsverbindungen zum übrigen Bundesgebiet. Vielen fallen beim Stichwort »Berlin-Verkehr« nur die Möglichkeiten ein, unsere Stadt mit dem Auto oder dem Flugzeug zu erreichen. Aber Bahn und Binnenschiff haben insbesondere für den Gütertransport eine nicht zu unterschätzende Aufgabe. Schließlich ist Berlin eine der größten deutschen (Binnen-) Hafenstädte.

Die Eisenbahnverbindungen von und nach Berlin sind verbesserungswürdig. Der Senat der Stadt hat das erkannt und wird deshalb beharrlich gemeinsam mit den Alliierten und der Bundesregierung nach Verbesserungen streben. Wegen der komplizierten statusrechtlichen Verhältnisse des Eisenbahnwesens in Berlin kann man bei realistischer Betrachtung nur kleinere Schritte erwarten, jedoch ist ein wenig Optimismus angebracht.

Berlin war und ist ein Brennpunkt des Verkehrs, auch wenn sich in den letzten fünfzig Jahren die Gewichte verschoben haben. Wer die Situation der dreißiger Jahre studiert, darf nicht vergessen, daß gerade das Verkehrswesen ein sehr lebendiger Teil des modernen Staates ist und sich ständig weiterentwickelt. Berlin leistet heute wieder Schrittmacherdienste, z.B. bei der Erforschung und Anwendung neuer Technologien. Deshalb empfehle ich allen Lesern dieses Bildbandes, neben dem »Blick zurück« auch das heutige Berlin zu studieren und aufgeschlossen auch den künftigen Möglichkeiten der Stadt – gerade auf dem Verkehrssektor – gegenüberzustehen.

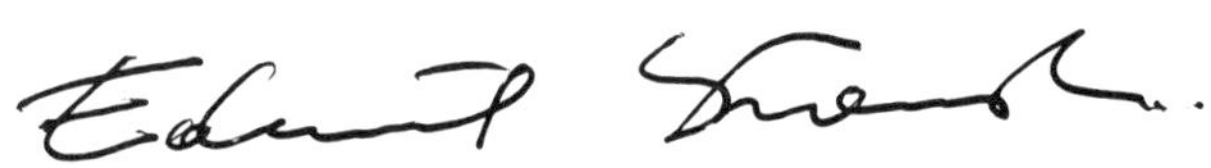

(Edmund Wronski)
Senator für Arbeit und Betriebe
Berlin

VERKEHRSKNOTEN
B E R L I N
in den 30er Jahren

B E R L I N in den dreißiger Jahren – eine Bilddokumentation, wie ich sie als Journalist mit der Kamera in jenen Jahren eingefangen habe. Nicht Aufträge einer der vielen Redaktionen waren es, die mich hierzu veranlaßten, sondern die Liebe zur Sache, denn alles, was Räder hatte, zog mich in den Bann und faszinierte mich – von den ersten Jahren meiner Kindheit an. Darüber hinaus war es die Verbundenheit zu meiner Vaterstadt, in der ich geboren bin, die Jugend verbrachte, studierte und in der ich bis zum Zweiten Weltkrieg meinem Beruf nachging.

Um es gleich vorweg zu nehmen: Anspruch auf Vollständigkeit hat diese Zusammenstellung nicht, weder zeitlich noch in der Sache. Ich blende 50 Jahre zurück, in eine Zeit, die zwischen zwei Weltkriegen lag und versuche mit meinen Bildern einen Zustand aufzuzeichnen, der die damalige Verkehrssituation charakterisiert. Um den Wandel faßbar und vorstellbar zu machen, den Berlin bis in die achtziger Jahre durchgemacht hat, habe ich die sichtbaren Veränderungen an den Verkehrsknoten und anderen markanten Plätzen gegenübergestellt. Sie sprechen ihre eigene Sprache!

Viele der Aufnahmen, die ich bis zum Krieg und auch noch in den letzten Kriegsjahren machte, sind in jenen Schreckensnächten in Asche versunken, wertvolle, unwiederbringliche Bilddokumente. Aber ein Rest hat überlebt und gelangte in letzter Stunde nach abenteuerlichen Irrwegen über Ausweichunterkünfte in Schlesien und Flüchtlingstrecks durch das in Auflösung befindliche Reich bis zum Bodensee, während ich selbst unfreiwillige „Studien“ hinter sibirischem Stacheldraht machte. Als ich nach meiner Rückkehr 1950 in meine neue Heimatstadt Freiburg kam, war ich dankbar und überglücklich, noch etwas von meinem ollen Berlin in den Händen zu haben. Es war Anstoß und der Grundstock für den Neubeginn meines Berufes, den auszuüben mir während der fast sechsjährigen Kriegsgefangenschaft verwehrt blieb.

Aus ihnen setzt sich das historische Bildmaterial zusammen, das ich hier über die Verkehrssituation Berlins aus den dreißiger Jahren zusammenstellen konnte. Einige Bilder reichen sogar bis in das Jahr 1926 zurück, eine Zeit, in der ich noch die Schulbank drückte und zum ersten Mal wagte, mit einer Minimum Palmos 9/12-Kamera meines Vaters selbst auf Fotojagd zu gehen.

Die Berliner Bahnhöfe in ihrer damaligen Funktion, mit den dampfenden Lokomotiven, den überfüllten Zügen und den emsigen Menschen bestimmten die Atmosphäre dieser Jahre. Der attraktivste von allen war der »Anhalter«. Er nimmt den ersten Platz in der hier gezeigten Reihe ein, samt seiner Ruine, deren Bild auf einer Seite »Insel Berlin« zu sehen ist und die heute unter Denkmalschutz steht. Am Anhalter Bahnhof pulsierte das Leben der alten Reichshauptstadt am stärksten. Wenn irgend welche Szenen mit der Eisenbahn zu fotografieren waren, wurden sie hier gemacht.

Dann der Potsdamer Bahnhof, der erste unter den Berliner Bahnhöfen, bei dem ich das Fest »100 Jahre Eisenbahn Berlin – Potsdam« im Jahre 1938 in »zeitgenössischen« Bildern festhalten konnte.

Vom hanseatischen Lehrter Bahnhof erwischte ich gerade noch ein Zeitdokument aus den letzten Kriegstagen, das sich fast unverändert bis ins Jahr 1957 gehalten hatte. Vom stiefmütterlich behandelten Görlitzer Bahnhof, von dem man einst so gern in den Spreewald und ins verschneite Riesengebirge fuhr, ist in Bildern genau so viel geblieben wie vom Bahnhof selbst – nämlich nichts. Schade!

1882 wurde die erste Stadtbahnstrecke von Charlottenburg über Zoologischer Garten – Friedrichstraße – Alexanderplatz bis zum Schlesischen Bahnhof eröffnet. 1924 wurden die Stadtbahn und das weitverzweigte Netz der Ring- und Vorortbahn elektrifiziert. Auf dieses moderne, weltstädtische Schnellbahnsystem war mein besonderes Augenmerk gerichtet. Für die damalige Reichsbahndirektion Berlin fotografierte ich die Umstellung auf den elektrischen Betrieb, den Bau der unterirdischen Nord-Süd-S-Bahn und die damit erbrachten großartigen Verkehrsleistungen, die zur Zeit der Olympiade 1936 ihren Höhepunkt erreichten. Von diesen vielen Aufnahmen und zeitgenössischen Berichten sind leider nur noch wenige erhalten. Einige aufschlußreiche Einstellungen aus dieser Zeit sind auf den Seiten 52 - 57 zusammengestellt.

In einer denkwürdigen Gegenüberstellung von einst und jetzt konnte ich den Bahnhof Friedrichstraße darstellen, vom Dach des Reichstagsgebäudes, wie er sich 1938 darbot, und derselbe Blick vierzig Jahre später, mit der Teilung Berlins durch die Mauer (Seiten 60 und 61).

Der Straßenverkehr und besonders die »Elektrische«, wie man bei uns früher die Straßenbahn bezeichnete, faszinierten mich schon als Kind. Die Geräusche der Wagen, das Knacken der Räder über Weichen und Kreuzungen, unten an der Ecke Martin-Luther-Straße, Ecke Grunewaldstraße in Schöneberg, drangen bis hinauf in den 4. Stock der elterlichen Wohnung. Sie waren Musik in meinen Ohren. Ohne zu sehen konnte ich unterscheiden, ob es die H war, die unten über die Kreuzung holperte, oder die 69 mit den vierachsigen Drehgestellen und dem Anhänger. Lange bevor ich lesen und schreiben lernte, kannte ich die Nummern der vorbeifahrenden Bahnen – und es waren nicht wenige zu dieser Zeit. Mit derselben Ausdauer, mit der ich beim Fotografieren auf Sonne warte, beobachtete ich durch das Balkongeländer die vorbeifahrenden »Elektrischen«. Ich wußte genau, wann die 71 kommen würde und wann die 5, der »Gerichtsring« mit den langen Wagen zum Bayerischen Platz fuhr, und wann die 52 drüben ins Depot in der Belziger Straße einrückte.

Geradezu sensationell für meine Vorliebe für die »Elektrische« war – es muß im Jahre 1913 gewesen sein –, als eines nachts unten neue Schienen um die Ecke verlegt wurden. Während die Eltern furchtbar über den Baulärm schimpften, wuchs bei mir die Spannung bis zu dem Tage, wo die neue Linie 51 von der Martin-Luther-Straße in die Grunewaldstraße einbog und dabei ein für mich herzerquickendes Kurvengeräusch verursachte. Als wir später in eine ruhigere Straße umzogen, war ich todunglücklich. Zwar konnte ich von der neuen Wohnung aus die weißen Dampfwolken der Ringbahn-Züge sehen, auch lag die Untergrundbahn vor der Tür. All das war aber keine Entschädigung für die »Elektrische«.

Auch der Schulbeginn war für mich eine Enttäuschung, hoffte ich doch, daß mich meine Eltern in einer Schule anmelden würden, die so weit entfernt lag, damit ich mit der »Elektrischen« hätte fahren können. Stattdessen kam ich in das Hohenzollern-Gymnasium, dessen Hof mit unserem Haus unmittelbar zusammenstieß, so daß Mutti mir das Stullenpaket in der Zehn-Uhr-Pause direkt vom Küchenbalkon in den Schulhof zuwarf.

Immerhin, was ich in den ersten Schuljahren an »Elektrische-Fahren« entbehrte, sollte später doppelt nachgeholt werden. Der inzwischen ausgebrochene Krieg brachte es mit sich, daß ich bald in eine andere Schule kam und daß ich täglich zweimal, wenn nachmittags Turnen war, sogar viermal, vom Bayerischen Platz bis zur Uhlandstraße fahren mußte. Mein Stammplatz war vorn auf der offenen Plattform in der Ecke neben dem Herrn Wagenführer der Linie H–Westring. Im Winter mußte ich mich extra warm anziehen, denn es zog beträchtlich hier vorn, und der Herr Wagenführer ging auch mit gutem Beispiel voran, indem er einen dicken Pelzmantel mit hochgeschlossenem Kragen trug und über seine Dienstmütze mit Ohrenklappen eine Schneebrille aufgesetzt hatte. Seine Schalt- und Bremskurbeln bediente er mit Fausthandschuhen, die bis zu den Ellenbogen reichten.

Am Gesims an der Plattform neben dem großen Kasten für die Sicherungen stand in eindringlichen gotischen Lettern: „DAS SPRECHEN MIT DEM WAGENFÜHRER WÄHREND DER FAHRT IST VERBOTEN!"; und gleich darunter: „DER AUFENTHALT FÜR KINDER AUF DER OFFENEN PLATTFORM IST WEGEN DER DAMIT VERBUNDENEN GEFAHR VERBOTEN!" Aber eines Tages passierte es trotzdem: an der scharfen, eckigen Kurve am Bayerischen Platz.

Aus Übermut oder Unachtsamkeit sprang ich vom fahrenden Wagen und landete mit meinen klappernden Kriegs-Holzsandalen unter den Bierpferden eines Schultheiss-Patzenhofer-Wagens. Schaffnerinnen und Wagenführer, die mich alle kannten, sorgten von da an dafür, daß ich schön brav ins Wageninnere ging.

Hier drinnen machte mir das »Elektrische-Fahren« gar keinen Spaß mehr, und ich dachte mir etwas Neues aus, was die Schulwege beleben könnte. Die Schulranzen im zweiten Kriegsjahr waren schon längst nicht mehr aus Leder, sondern aus einem holzartig gepreßten Pappdeckel. Dieser war zwar schwer, rutschte aber ausgezeichnet. Das Gebot, nur noch drinnen zu fahren, befolgte ich. Die neue Idee, die lange Holzbank als Rutschbahn zu benutzen, hatte mir niemand verboten. So setzte ich mich in die vordere Ecke neben der Eingangstür, die im Winter mit einem dicken grünen Filztuch gegen Luftzug schützen sollte, auf meinen Ranzen. Fuhr der Wagen an, rutschte ich mit dem entsprechenden Schwung auf den Schoß meines nächsten Nachbarn; bremste der Wagen, sauste ich wieder in meine Ecke zurück, mit der Miene – versteht sich –, die alle Schuld dem Wagenführer gab. Von den Fahrgästen wurde dieses Spiel sehr unterschiedlich aufgenommen.

Viel später, als ich die Quarta der Aufbauschule in Neukölln besuchte, bediente ich mich zweier Schüler-Monatsfahrkarten mit je drei Linien für den Schulweg von Schöneberg bis zur Kaiser-Friedrich-Straße. Ungeahnte Möglichkeiten standen mir da offen, jeden Tag eine andere Tour zu fahren. Nur wenn es spät war, mußte ich den direkten Weg mit der 95 machen. Sonst scheute ich aber keinen Umweg, kein Umsteigen, um möglichst kompliziert an mein Ziel zu gelangen. Ich betrachtete mich als Verkehrsexperten, kannte sämtliche Linien auswendig und konnte im Schlaf Auskunft geben, wie man beispielsweise vom Hermannplatz zum Zoo kommt oder vom Kupfergraben nach Lichterfelde.

Allmählich erweiterten sich meine Interessen auf die Innereien der Fahrzeuge. Ich suchte mir die Typen aus, mit denen ich fahren wollte, verabscheute die alten schaukelnden Zweiachser mit den großen messingnen Bremskurbeln und stieg auf die umgebauten Vierachser mit der zischenden Luftdruckbremse um. Zuhause legte ich mir ein ganzes Inventar-Verzeichnis über Nummern und Wagentypen nebst Anhänger der »Großen Berliner

Straßenbahn Aktien-Gesellschaft« an, die dann bald als einheitliche BVG – Berliner Verkehrs-Gesellschaft – Straßenbahnen, Omnibusse und U-Bahnen in sich vereinigte.

Selbstverständlich griff ich dem diensthabenden Personal unter die Arme. Wenn die Bahn voll war, sagte ich: „Der Wagen ist besetzt" und zog die Abfahrtsglocke. Auch war ich zur Stelle, wenn die Weiche gestellt werden mußte, und hatte direkt schon Übung, mit der langen Stange, die an der Stirnwand befestigt war, vom Führerstand aus die Zunge der Weiche umzustellen. An- und Abkoppeln der Anhänger an den Endstationen war »zünftig«, und wenn die Stromstange mit der Spule aus dem Fahrdraht sprang, war ich »Fachmann«, um sie wieder hineinzubugsieren. „Paß bloß uff, Kleener, det se Dir nich hochreißt" bekam ich dabei zu hören, denn bei meinem Fliegengewicht hob mich die starke Feder der Stromstange an der Schnur ganz schön in die Höhe.

Noch eine Anekdote von der »Elektrischen«, die ebenso wie die vorangegangenen vor den dreißiger Jahren liegt, jedoch typisch dafür ist, wie gemütlich es im Berliner Verkehr einmal zuging. Diesmal wäre es beinahe um mich geschehen: Als ich nämlich mal Montag früh mit der 98 von der Kochstraße in die Ritterstraße fuhr, entgleiste der Wagen an der Weiche und fuhr geradezu in die Jerusalemer Kirche. Hierbei hat es sich bewährt, auf der vorderen Plattform zu stehen. Geistesgegenwärtig wie ich nun einmal war, sprang ich blitzschnell ab und ließ die 98 ohne mich in die Kirche fahren! Krach, Scherben und ein tiefes Loch in der Mauer waren die Folge. Die Feuerwehr mußte kommen, um den eingeklemmten Fahrer zu befreien... den Fotoapparat hatte ich zu dieser Zeit leider noch nicht bei mir!

Nach und nach wurde die »romantische« Stadtbahn von den Doppeldecker-Bussen abgelöst, die heute aus dem Berliner Stadtbild gar nicht mehr wegzudenken sind. Auch die alten Doppeldecker mit »oben offen« waren, solange es sie gab, »Rang Loge Mitte«, wenn es darum ging, lebendige Verkehrsbilder zu schießen; und zahlreiche Bilder in dieser Reihe sind von diesem Top-Platz aus gemacht. Auf Seite 92 ist die letzte Straßenbahn zu sehen, die in Westberlin noch bis zu den sechziger Jahren fuhr. In Ostberlin hat sich dieses Verkehrsmittel bis heute erhalten.

In den Berufsjahren richteten sich meine Interessen mehr auf die großen Verkehrsmittel. Die vielen Reisen, die ich schon in frühen Jahren unternahm, brachten es mit sich, daß die Eisenbahn an die erste Stelle trat. Für einen Bildreporter lag es auf der Hand, die technischen Neuheiten festzuhalten. Überall wurde die Bahn vom Dampfbetrieb auf Elektrisch oder Diesel umgestellt. Eine Tatsache, bei der ich die abtretenden Dampflokomotiven und die alten Fahrzeuge leider viel zu wenig berücksichtigt habe. Dennoch, einiges aus dem vergangenen

Eisenbahn-Zeitalter habe ich festgehalten und hier dargestellt. Dasselbe trifft auch auf andere Sparten des Verkehrs zu. Wenn ich nur daran denke, wie die Luftfahrt sich seither geändert hat!

Die U-Bahn – fast hätte ich sie vergessen, vielleicht deshalb, weil sie im Erscheinungsbild der Stadt einfach nicht erscheint, bis auf die Streckenabschnitte, wo sie sich in den Einschnitt hineinsehen läßt oder als Hochbahn über der Straße dominiert. Dabei hat sie sich zum wichtigsten und schnellsten Verkehrsmittel in der Großstadt entwickelt. 1897 als Hochbahn begonnen, gab es in den dreißiger Jahren noch romantische Ausblicke auf die verschiedenen Fernbahnhöfe, die sie überquerte, und in die Schlafzimmer der ersten Stockwerke rechts und links vom Viadukt. Heute ist nur noch die Strecke vom Gleisdreieck bis zum Schlesischen Tor Hochbahn, mit reizvollen Motiven über dem Landwehrkanal. Mit der Teilung Berlins ist auch das U-Bahn-Netz amputiert. Nur zwei Nord-Süd-Linien fahren – wie zum Trotz – unter der Mauer hindurch und verbinden zu Westberlin gehörende Stadtteile miteinander. Im Osten der Stadt vollführen alle Verkehrsmittel ihr Eigenleben, als ob sie zu einer anderen Stadt gehörten.

Bis in die dreißiger Jahre blühte Berlin als Weltstadt auf. Die Medien dieser Stadt waren weltaufgeschlossen, wenigstens noch zu Beginn jenes Jahrzehnts. Dies drückte sich in der Flut von Zeitungen, Zeitschriften, Fachblättern, kurz: den Druckerzeugnissen aus. Mir gaben sie den Auftrieb, den ein Bildreporter braucht und der seinen Wirkungskreis erweitert. Mit diesen Aufgaben wuchs das allmählich zusammengetragene Archiv zu einer Fundgrube für bildmotiv-suchende Redaktionen, Autoren von Lehrbüchern, Enzyklopädien usw. heran. Themen für Sachgebiete, Reisereportagen, Kunst und Technik, ebenso Aufnahmen von Personen und Persönlichkeiten haben inzwischen weltweite Kreise gezogen und zahlenmäßig die Millionengrenze von Negativen längst überschritten.

Berlin nimmt heute nur einen verhältnismäßig kleinen Teil meines Bildarchivs ein, steht aber an Umfang und Aktualität vielen deutschen und ausländischen Städten und Landschaften in nichts nach. Eines allerdings hat Berlin allen voraus: die Heimatstadt mit ihrer ganz persönlichen Note und inneren Verbundenheit, mit Witz und Charme über alle Schicksalsschläge hinweg! Fast möchte ich singen: „Ick hab' noch 'nen Leierkasten in Berlin...!"

Zur zweiten Auflage

Nicht nur Eisenbahnfreunde freuen sich, daß dieser so schnell vergriffene Bildband wieder zu haben ist. Die Berliner – und zu ihnen gehört auch der mit dem Leierkasten auf dem Ku'damm abgebildete Autor – finden es einfach dufte, daß er so gut ankommt.

Willy Pragher hat alle Aufnahmen in diesem Buch selbst gemacht. Über Reiseberichte, Menschen-, Kultur- und Kunstreportagen galt sein Augenmerk insbesondere der Stadtentwicklung und dem Verkehr. Als Mitarbeiter der Berliner Illustrirten und der vielen Zeitungen und Zeitschriften, die in den dreißiger Jahren Berlin noch zu einem Welt-Pressezentrum machten, baute Willy Pragher sein Bildarchiv auf, das heute die Millionenzahl von Aufnahmen überschritten hat. Aus diesem Bildmaterial schöpft er bei jeder Gelegenheit seine Dokumentationen.

Darüberhinaus tragen seine Bilder mit ihrer lebendigen Aussagekraft seine ganz persönliche Note, wie sie sich vor fünfzig Jahren aus der damals noch schwerfälligen Fototechnik entwickelte. Viele dieser Aufnahmen wurden auf 9/12-Platten gemacht, oft mit Stativ und langen Belichtungszeiten und dann individuell entwickelt, vergrößert und bearbeitet.

In den vielen Veröffentlichungen, in Büchern, Bildbänden, in Ausstellungen und Museen begegnen wir den Fotos von Willy Pragher immer wieder. So ist auch die zweite Auflage des Bildbandes ein Beitrag zum 750-jährigen Jubiläum von Berlin, das 1987 – getrennt in beiden Teilen unserer ehemaligen Reichshauptstadt – gefeiert werden wird.

Eisenbahn-Kurier Verlag

BERLIN – ANHALTER BAHNHOF

Ein Begriff, der mehr war als nur eine Endstation. Bisweilen herrschte der Irrtum vor, daß der Anhalter Bahnhof deshalb »Anhalter« hieß, weil die Züge dort anhielten. Nein, es war das kleine Ländchen Sachsen-Anhalt, das diesem Bahnhof seinen Namen gab.

Der Name ANHALTER BAHNHOF verband für uns Berliner ebenso wie für die vielen, die von Norden und Osten kommend, hier ihre Reise fortsetzten, die Erfüllung des Fernwehs, von Urlaub und Reise in den Süden. Seine riesige, markante Bahnhofshalle, von der heute nur noch ein kleiner Erinnerungs-Stumpf geblieben ist (siehe S. 106), galt als schönstes und gelungenstes Bahnhofsgebäude. Es wurde 1874 von Schwechten und Seidel errichtet. Bereits im Jahre 1841 zog von hier aus August Borsigs erste Lokomotive »BEUTH« einen Zug bis Jüterbog.

Bis zum Zweiten Weltkrieg fuhren hier täglich 59 Züge aus und ein.

Blick von den Verteilerweichen des Anhalter Bahnhofs an einem regnerischen Maitag des Jahres 1938 mit dem ausfahrenden D-Zug über Dresden – Prag nach Wien FJ. Auf dem Bahnsteig ganz links der bereitgestellte Personenzug nach Wittenberg über Lichterfelde Ost – Jüterbog. Im Hintergrund das Europahaus am Askanischen Platz, welches zu dieser Zeit zum ersten Hochhaus Berlins aufgestockt wurde.

20

2. Mai 1938 – Ausblick vom Stellwerk des Anhalter Bahnhofs: 03 256 brachte soeben den D-Zug von München über Hof nach Berlin und rollt hinter dem abgestellten Zug in ihren Lokschuppen.

38 2422 kam kurz vorher mit dem Eilzug von Chemnitz über Riesa und zieht hier über die Brücke des Landwehr-Kanals und unter der Hochbahnbrücke in ihr Depot.

Deutsche Reichsbahn
01 104

14 009
Halle
Plätze Nr 1.4.9.10
Wagen
3
1
Basel-Bern
-Genève

Am 27. April 1936 um 15 Uhr 40

Ihre Hochzeitsreise in die Schweiz begann am Anhalter Bahnhof..., und bei aller Verliebtheit gehörte zum gemeinsamen Reiseerlebnis auch die Eisenbahn – und der Glückwunsch des Lokführers der 01 104.

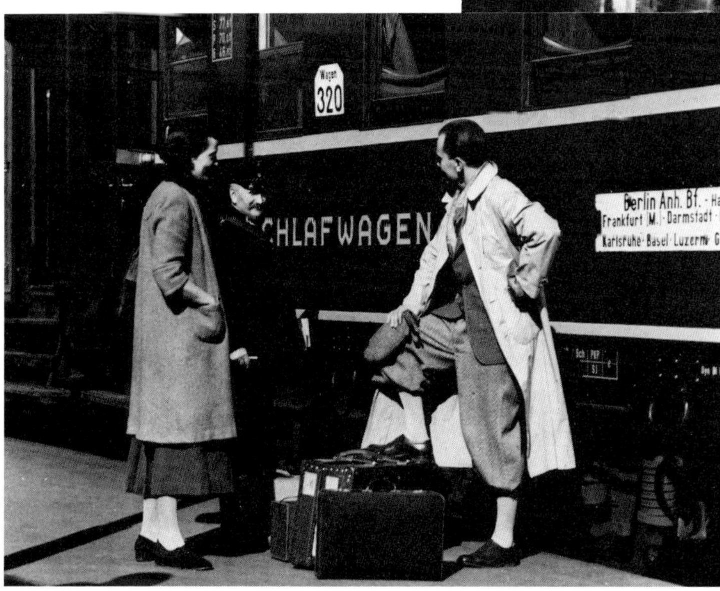

13. Mai 1937

Am Dienst des Rangierers hat sich seit damals nicht viel geändert. Zwar ist die Signalpfeife vom Funksprechgerät abgelöst worden, ebenso die schnaubenden Dampfloks von Dieselrangierloks, aber nach wie vor ist das An- und Abkoppeln zwischen den Puffern mühsam und gefahrvoll.

Wäre der Anhalter Bahnhof noch in Betrieb, sähe es bis auf die Kleidung heute nicht viel anders aus.

Schnelle Züge werfen ihre Schatten voraus: Berlin Anhalter Bahnhof im Mai 1938

Planmäßig läuft der aus zwei Einheiten zusammengestellte FDt aus Karlsruhe in Gleis 7 ein. Seine Fahrzeit von Frankfurt/Main nach Berlin betrug fünf Stunden und fünf Minuten; heute dagegen benötigt ein Schnellzug für diese Strecke sieben Stunden und 35 Minuten.

Aus Gleis 17 lief soeben D 54 (Henschel-Wegmann-Zug) am Stellwerk vorbei. Er fährt ohne Halt bis Dresden-Neustadt in 99 Minuten. Diesmal aber ausnahmsweise nicht mit der Stromlinien-Lok 61 001, sondern mit einer Maschine der Baureihe 01.

3
2

61 001

Am 5. Mai 1938 um 13.10 Uhr wird der Fahrdienstleiter des Anhalter Bahnhofs die Abfahrtsscheibe für D 54 nach Dresden heben – und der Henschel-Wegmann-Zug mit seiner kompletten Garnitur und der Stromlinien-Lokomotive 61 001 setzt sich in Bewegung. Die Reisegeschwindigkeit dieses Zuges betrug 110 km/h.

Am 21. Juni 1939

Vom Anhalter Bahnhof mit dem Ferienzug in den Schwarzwald: das große Kinder-Erlebnis – und dann noch kurz vor der Abfahrt ein Besuch oben beim Lokführer! „Det war 'ne Wucht!"

26 540
Halle
Wagen
3
Genęve

Deutsche
01

Am 15. April 1936 warten die Lokführer auf den Augenblick, daß der Mann mit der roten Mütze den Befehlsstab zur Abfahrt hochhält, damit Dampf in die Zylinder zische und der Personenzug mit 17 1143 ebenso wie der D-Zug mit 01 211 nach Ventimiglia und Rom über Probstzella – München sich in Bewegung setzen.

Die Brücken zum »Anhalter«

Sie liegen unmittelbar vor der Einfahrt zum Anhalter Bahnhof und sind ein Teil von fünf übereinander liegenden Verkehrsweg-Kreuzungen. Als oberste schwingt sich die Hochbahnbrücke in Jugendstil-Stahlkonstruktion über diesen Knoten. Darunter donnern über die zweite Brücke die ein- und ausfahrenden Züge zum Anhalter Bahnhof. Die alte Straßenbrücke, die dann etwas abseits von dem Kreuz den Landwehr-Kanal überspannt, trägt den Namen »Möckernbrücke« und verbindet das Hallesche mit dem Tempelhofer Ufer. Noch tiefer, nämlich unter dem Wasser, liegt der Tunnel der Nord-Süd-S-Bahn. Er wurde 1939 fertiggestellt und verbindet über den Anhalter S-Bahnhof die südlichen und nördlichen Stadtteile Berlins.

Ausfahrender D-Zug nach Frankfurt/Main über Halle – Erfurt und bereitgestellte Personenzüge nach Riesa und Luckenwalde am 16. April 1936 (links unten)

Am 19. Mai 1938 ausfahrender Schnellzug über Dresden nach Prag mit Kurswagen nach Wien (links oben)

Die Hochbahnbrücke aus dem letzten Wagen eines ausfahrenden D-Zuges nach Stuttgart über Halle – Erfurt – Mellrichstadt – Osterburken am 26. März 1932 (oben) und eine Gesamtansicht der Hochbahnbrücke mit dem Landwehr-Kanal vom Tempelhofer Ufer aus, wie sie heute noch besteht. Am 27. Mai 1931 rangierte gerade ein Postzug auf der Brücke zum »Anhalter«.

2. Februar 1938

18 006 der ehemals sächsischen Staatsbahn steht abfahrbereit nach Chemnitz.

Am 28. Juni 1934 mit 03 121 nach München über Hof – Nürnberg (rechts)

Ein Überbleibsel aus der Kaiserzeit: das schmiedeeiserne Zufahrtstor, das nur Seiner und anderen Majestäten vorbehalten war. Am 19. April 1932 stand es noch.

Am 12. April 1938

01 011 und 38 2003 auf Fahrt nach Süddeutschland. Über dem ausgedehnten Abstellgleis-Gelände von Schöneberg gewinnen die Züge an Fahrt. Im Hintergrund erkennt man noch die Bogenhalle des Anhalter Bahnhofs.

Dampfend nach getaner Fahrt am 23. Juli 1931: Doppelgespann vor einem D-Zug im Leipziger Hauptbahnhof, wie er als Messezug von Berlin Anhalter Bahnhof täglich mehrmals verkehrte (oben)

Salonwagen des sogenannten Führer-Zuges auf den Abstellgleisen des Anhalter Bahnhofs

01 228

Der Potsdamer Bahnhof ist der Senior unter den Berliner Bahnhöfen. Im Jahre 1872 wurde er erbaut und stand am 22. September 1938 im Mittelpunkt der Feier zum 100jährigen Bestehen der Eisenbahn von Berlin nach Potsdam. Unter großem Jubel fuhr hier der historische Zug mit der ersten Lokomotive und Fahrgästen in zeitgenössischer Kleidung nach Potsdam – auf dem Fernbahngleis begleitet von 01 228 mit den modernsten Wagen jenes Jahres.

100 Jahre Eisenbahn Berlin – Potsdam am 22. September 1938

Potsdamer Bahnhof um 9.40 Uhr Bahnsteig A: Die Nachbildung des historischen »Adler«-Zuges steht abfahrbereit nach Potsdam; und am Festabend pustete der Oldtimer-Star durch die Arena der Deutschlandhalle (rechts).

Historische Klänge im Bahnhof,

worauf sich der Zug mit den geladenen Gästen und viel Rauch in Bewegung setzte und nach etwa einstündiger Fahrt in Potsdam von einer »Heil« rufenden Menge empfangen wurde.

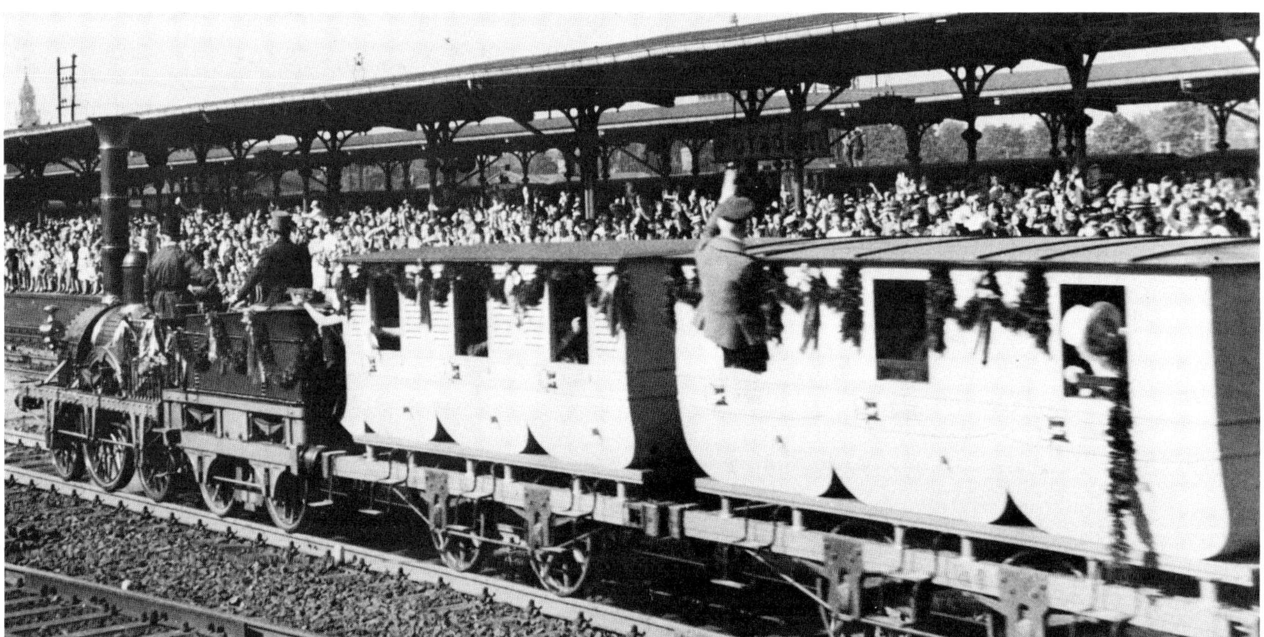

Potsdamer Bahnhof im Abriß

Am 4. April 1927 die Silhouette des Potsdamer Bahnhofs hinter dem neuen Verkehrsturm auf dem Potsdamer Platz

Wartende Pferde- und Kraftdroschken vor dem Potsdamer Bahnhof am 10. November 1933

Der Potsdamer Bahnhof

im Krieg am 10. September 1942...

...und der Potsdamer Platz ohne Bahnhof am 9. Juni 1965, einst an der Stelle, wo sich die Ruine des großen Vergnügungs-Etablissements »Haus Vaterland« und »Mauer« gegenüberstanden.

RING- und WANNSEE-BAHN hatten ihren »Kopf« im Potsdamer Bahnhof. Von hier erreichten die Dampfzüge laut, aber verhältnismäßig schnell die südlichen Vororte und die Ausflugsgebiete an den Seen.

Am 10. April 1927 dampfte ein Ringbahn-Zug über die Brücke des Landwehr-Kanals.

Morgenstimmung am 20. Januar 1934 über dem Potsdamer Bahnhof, von der Dachterrasse des Columbushauses (unten).

Am 20. April 1931 hoch oben vom Gasometer Schöneberg aus gesehen: Ein Wannseebahn-Zug braust mit Volldampf in Richtung Potsdamer Bahnhof...

...und auf den Ferngleisen neben der Wannseebahn, hier am Bahnhof Steglitz, begegnen sich die beiden schnellen »Bankierzüge«, die ohne Halt vom Potsdamer Bahnhof nach Babelsberg und Potsdam fuhren.

Stettiner Bahnhof

Am 6. Juni 1935 kam Tante Emma mit ihren Kindern per Pferdedroschke zum »Stettiner«. Allein eine Reise von fast einer Stunde. Dafür wurden ihr die Koffer von hilfsbereiten Gepäckträgern direkt zum Waggon gebracht.

Aber spät war es immer – insbesondere wenn sich zu Ferienbeginn dichte Menschenmengen an den Fahrkartenschaltern drängten (rechts unten).

...und manch einer hatte Pech, wenn er nur noch die Schlußlichter des ausfahrenden Zuges sah!

Am 6. Juni 1935 begannen in Berlin die Sommerferien.

Der Stettiner Bahnhof war dafür bekannt, daß man in zwei Stunden die Ostsee erreichen kann. Der Ferienandrang war deshalb in Berlin besonders groß. Auf allen Gleisen standen Sonderzüge bereit, nach Heringsdorf, Swinemünde, nach Stralsund und der Insel Rügen.

Der Lehrter Bahnhof ist der aristokratische unter den Berliner Bahnhöfen.

Von ihm fuhren die Senatoren in die Hansestädte Hamburg, Lübeck und Bremen. Vor seiner langgestreckten Bahnhofshalle offenbarte sich bereits ein Stück »Waterkant« in Form des Humboldthafens, der von der eleganten Hugo Preuss-Brücke überspannt wurde. So sah es hier am 9. April 1931 aus.

Heute hat sich diese Stadtlandschaft gründlich verwandelt. Anstelle der Brücke steht hier der befestigte, unüberwindliche Mauergürtel, der den Osten vom Westen der Stadt trennt.

Die elegant geschwungenen Träger der Hugo Preuss-Brücke; im Hintergrund der Lehrter Bahnhof in seiner ganzen Länge

Als einer der ersten Schnelltriebwagen der ehemaligen Deutschen Reichsbahn verkehrte vom Lehrter Bahnhof aus der »Fliegende Hamburger«. Am 9. März 1936 verläßt er hier die Bahnhofshalle.

Noch im Jahre 1957 waren die Kriegsschäden, die den Lehrter Bahnhof heimgesucht hatten, in vollem Ausmaß sichtbar. Überbleibsel aus einer unseligen Zeit stehen hier noch für Ziele, die einst vom Lehrter Bahnhof aus erreichbar gewesen waren. Zu ihnen gehören auch Schilder wie »DmW«- und »SFR«-Züge (Schnellzüge für Fronturlauber mit Reisezug-Teil) (oben).

Die Vorortstrecke vom Lehrter Bahnhof nach Spandau und weiter nach Nauen und Wustermark konnte noch bis 1951 aufrecht erhalten werden. Sie war eine der letzten mit Dampf betriebenen Vorortstrecken.

Die Spuren des Krieges ließen sich kaum anschaulicher ablesen als hier am 16. Juli 1957. Obwohl der Lehrter Bahnhof in seiner Struktur erhaltungswürdig war, fiel er erst viel später als sein großer Bruder, der »Anhalter«, Sprengung und Spitzhacke zum Opfer.

Güterbahnhof Moabit

Am 12. Januar 1935 zog 74 134 (T 11) einen Güterzug in die Gleisharfe des Verschiebebahnhofs (oben).

Am frühen Morgen des 10. Dezember 1933 durchstieß die Dampfwolke eines zum Lehrter Güterbahnhof fahrenden Zuges den Dunst, der über der Stadt lag (links).

Der Humboldthafen mit dem Stadtbahn-Viadukt am Lehrter Bahnhof war ein Berliner Verkehrsknoten eigener Art. Im August 1926 gab es hier noch einen regen Umschlag von Schiene und Straße auf die großen Lastkähne, welche die Güter die Spree aufwärts beförderten (oben).

Der Güterverkehr spielte auf der Lehrter Strecke eine dominierende Rolle. Die Versorgung Berlins mit lebenswichtigen Gütern fand hier ihren Umschlag. Schwerpunkt war der Westhafen mit seinen ausgedehnten Anlagen und Lagerhäusern, die auch heute voll in Betrieb sind und die Versorgung Westberlins sicherstellen (links).

Stadt- und S-Bahn

Ende der zwanziger Jahre erfolgte die Umstellung des Berliner Stadt- und Ringbahn-Verkehrs auf elektrischen Betrieb. Das jetzt als »S-Bahn« bezeichnete Nahverkehrsnetz entwickelte sich zum größten Verkehrsträger der Stadt. Die schnellen, rauch- und rußlosen S-Bahn-Züge waren das bevorzugte Verkehrsmittel der Berliner. Der elektrische Ausbau der Vorortstrecken bis an die Peripherie gab ihnen jetzt die Gelegenheit, schnell »in't Jriene« zu gelangen.

Mit Einführung des elektrischen Zugbetriebes wurde es notwendig, die Bahnanlagen gründlich zu überholen und zu stabilisieren. Die alten gemauerten Brückenbogen der Stadtbahn, die größtenteils als Behausungen, Lager und Werkstätten dienten, mußten durch neue Brückenkonstruktionen ersetzt werden, und dies unter Aufrechterhaltung des Verkehrs während Zugfolgen von oft nur wenigen Minuten. – Am 30. April 1931 waren die Umbauarbeiten am Bahnhof Jannowitzbrücke in vollem Gange.

Zur gleichen Zeit waren Streckenteile der Stadtbahn voll betriebsfertig, so hier der Abschnitt östlich des Alexanderplatzes mit dem Berliner Polizeipräsidium im Hintergrund; rechts der Spreebogen beim Bahnhof Jannowitzbrücke, wo noch die alten Brückenbögen zu erkennen sind.

Blick vom S-Bahnhof auf die Jannowitzbrücke (rechts)

Am 24. April 1931 brachte mich die Ringbahn vom Potsdamer Bahnhof nach Schöneberg. Vorher traf ich Zugführer Schulze, der gerade Kurs gewechselt und jetzt den Gegenzug (Ring über Stralau-Rummelsburg) zu fahren hatte (oben).

Pfingstsonntag 1931: Ausflugsandrang auf dem S-Bahnhof Stralau-Rummelsburg (rechts oben)

Interessant war es für die wartenden Fahrgäste, auf dem Bahnhof Zoologischer Garten die Umbauarbeiten zu verfolgen. Am 16. September 1935 wurden gerade die Gerüste für den Bau der neuen Bahnhofshalle aufgestellt (rechts).

Eine Million Menschen täglich beförderte die Berliner S-Bahn während der Olympiade. Sieben S-Bahn-Zwölfwagenzüge stehen am 10. August 1936 an den Bahnsteigen des Olympiabahnhofs am Reichssportfeld, um die Hunderttausenden aufzunehmen und im Takt von wenigen Minuten abzutransportieren.

Blick vom Gasometer auf Schrebergärten und Lagerhallen: Gleise der Ringbahn zwischen Bahnhof Schöneberg und Papestraße am 20. April 1931

Bahnhof Zoologischer Garten

Seit der Teilung Berlins ist der Bahnhof Zoo einziger Fernbahnhof im westlichen Teil der Stadt und damit Brennpunkt Westberlins. Am 12. März 1932 Punkt Zwölf an der Normaluhr am Zoo: Das war der Treffpunkt für lebenslustige Berliner; hinter dem U-Bahn-Ausgang lockte das pulsierende Leben.

Heute gehört die neue, nüchterne Bahnhofshalle zum Bereich der DDR-Reichsbahn und dient den wenigen Interzonen-Zügen, die die Verbindung zum westlichen Deutschland herstellen. Die dahinter liegende S-Bahn, die nach der Berliner Teilung in einen Dornröschen-Schlaf verfiel und schließlich stillgelegt wurde, ist 1983 von der Westberliner BVG übernommen worden und wird seither saniert.

Am 22. August 1936 zeigte sich der Bahnhof Zoo in vollem internationalen Fahnenschmuck zu Ehren der Gäste, die aus allen Ländern zur Olympiade gekommen waren.

Bahnhof Friedrichstraße

Am 6. Mai 1938 vom Dach des Reichstagsgebäudes aus gesehen: vorn über dem Spree-Bogen die Marschallbrücke, links der Schiffbauerdamm, rechts das Reichstagsufer, die beide zum Bahnhof Friedrichstraße führen; im Hintergrund die Türme der Marienkirche, des Domes und des Roten Rathauses.

Die gleiche Einstellung 35 Jahre später und eine Etage tiefer: Die »Mauer« trennt jetzt die Stadt über die Marschallbrücke. Der Blick schweift hinüber in das andere Berlin. Der Bahnhof Friedrichstraße ist jetzt zentraler Übergang für Westberliner in den Ostteil der Stadt. Hinter dem Bahnhof die Hochbauten des neuen Alexanderplatzes mit dem Ost-Berliner Fernsehturm; rechts davon die gekappte Kuppel des Domes und der Turm des Roten Rathauses.

Der Bahnhof Friedrichstraße war Weltstadtbahnhof, nicht in seiner Größe, wohl aber in seiner Lage im Herzen der alten Reichshauptstadt.

Am 2. Februar 1934 brachte ein Zug Varieté-begeisterte Besucher aus der Mark Brandenburg zur abendlichen Vorstellung in den »Wintergarten«.

Gegen Ende der zwanziger Jahre kulminierte das Vergnügungsleben der nächtlichen Friedrichstraße; der Verkehr rollte 24 Stunden rund um die Uhr.

Am 26. Juni 1939 gab es bei Boulette und Stehbier von Aschinger aus einen Blick durch die Gardine auf 38 3258, die gerade vor einem Personenzug nach Guben am Fernbahnsteig bereitstand.

Bis zum 8. Juni 1965 hatte sich außerlich am Bild des Bahnhofs Friedrichstraße nicht viel verändert. Der komplizierte Übergang von einem Stadtteil in den anderen mit seinen Wartehallen und Kontrollstellen ist auf dieser Aufnahme nicht sichtbar.

Berlin Alexanderplatz

Ein Filmtitel – hier aber Blicke auf den Bahnhof!
Am 29. August 1936 kommt der D-Zug mit dem Kurswagen aus Bukarest und rumpelt müde über die Bögen des Gasthauses »Zum Prälaten« in den Bahnhof Alexanderplatz.

17 1183 steht am 8. August 1936 mit dem D-Zug nach Beuthen (Oberschlesien) auf der Brücke über die Königstraße.

Vorweihnachtliche Stimmung am 1. Dezember 1934 – Blick über die Bahnhofshalle in die Königstraße und auf den Turm des Roten Rathauses, dahinter im Dunst die Türme von Nikolai- und Petri-Kirche.

Zur »Feier des Tages« waren am 20. April 1938 alle Lokomotiven und Tender mit einschlägigen Emblemen und Parolen beschriftet. – Die Aufnahme zeigt die Begegnung zweier Fernzüge auf der Stadtbahn-Strecke beim Kammergerichtsgebäude (oben).

Der ehemalige »Schlesische Bahnhof«, seit Kriegsende »Berlin-Ostbahnhof«, ist der zentrale Personenbahnhof der DDR geworden. Viele Züge aus der DDR und anderen Ostblock-Ländern werden – oft unter kilometerlanger Umfahrung von Westberlin – hierher geleitet.

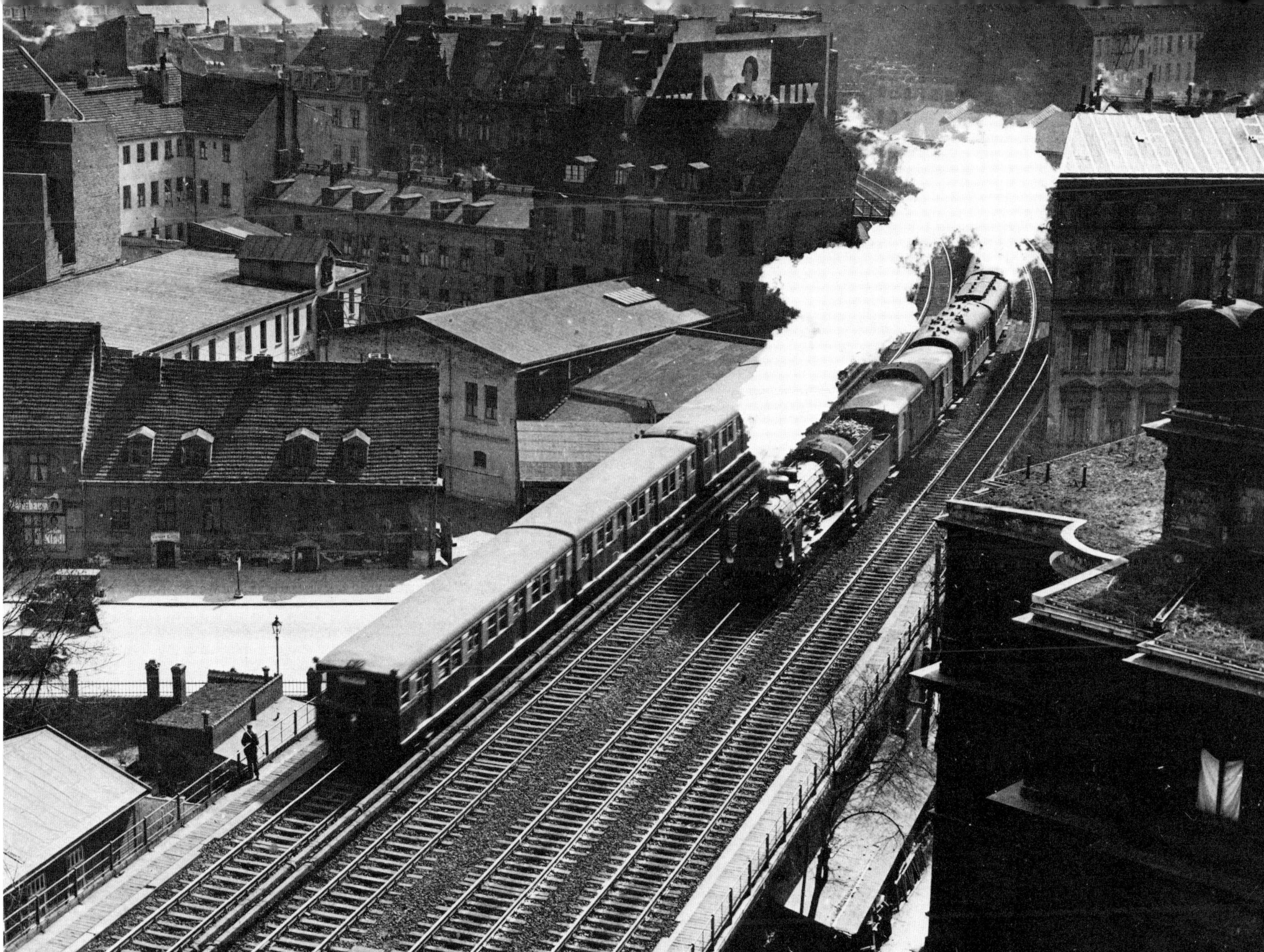

Elektrisch gegen Dampf

Ein alltäglicher Wettlauf auf der Berliner Stadtbahn zwischen Bahnhof Friedrichstraße und dem Lehrter Bahnhof

Die Nord-Süd-S-Bahn

Sie war ein kühnes, aber für die Berliner Verkehrssituation nicht aufschiebbares Projekt, dessen Teilstück Stettiner Bahnhof – Unter den Linden (mit Unterfahrung der Spree) zur Olympiade 1936 eröffnet wurde. Im Herbst 1939 war die Nord-Süd-S-Bahn fertiggestellt und somit eine Verbindung zwischen nördlichen und südlichen Vororten geschaffen (links).

Am 20. Juli 1935 wurde nördlich der Yorkstraße mit Beginn an der Westseite des Anhalter Bahnhofs die viergleisige Tunnelstrecke vorgetrieben (rechts).

Am 29. August 1938 konnte man von der Terrasse des damals noch stehenden Columbus-Hauses über die abgedeckte Fahrbahn am Potsdamer Platz tief hinab in die Baugrube des zukünftigen Nord-Süd-S-Bahnhofs schauen (links).

Am 9. Januar 1935 erschütterten Dampfhämmer vor dem Brandenburger Tor die Linden und das Hotel Adlon und rammten lange Eisenträger in den sandigen Boden. Hier entstand der Nord-Süd-S-Bahnhof »Unter den Linden« (unten).

Am 27. Juli 1936 war es soweit: Ein Teil der Nord-Süd-S-Bahn wurde feierlich in Betrieb genommen.

Scheinwerfer und Filmkameras sind auf die mit Girlanden geschmückten neuen Züge gerichtet, Ansprachen werden gehalten. – Viel Prominenz und geladene Gäste feierten mit Musik und Freibier, nachdem der Stationschef die Abfahrtskelle erhoben und der erste Zug den Bahnhof durch den Tunnel unter der Spree verlassen hatte.

Richtung
Unter den Linden

Friedrichstraße

Stettiner
2 Kl.

U-Bahn

1865 begann es mit der ersten Pferdeeisenbahn in Berlin, die 1895 vom elektrischen Strom abgelöst wurde. Es entstand nun ein Straßenbahnnetz, dessen Gleise sich in allen Straßen und Winkeln bis hinaus zu den Außenbezirken und Seen erstreckten, bis sie sich selbst im Wege standen und die Innenstadt verstopften. Wie alle Weltstädte, brauchte Berlin eine Schnellbahn, die den Anforderungen des Verkehrs gerecht wurde. So entstand in Ergänzung der bereits vorhandenen Ringbahn ein Netz von Hoch- und Untergrund-Bahnen. In den zwanziger Jahren wurde fortgesetzt, was durch den Ersten Weltkrieg unterbrochen worden war. Überall wurde gerammt und gebuddelt. Unter den Abdeckbrettern entstand das U-Bahn-Netz, von dem nachfolgende Fotos Rechenschaft ablegen.

»Stadion« hieß am 29. März 1931 noch diese Station; 1936 wurde sie in »Reichssportfeld« umbenannt; heute heißt sie »Olympia-Stadion«. – Die Aufnahme zeigt einen den ganzen Bahnsteig einnehmenden Sechs-Wagen-Zug, wie er damals im Abstand von zehn Minuten die ganze Stadt bis zum Nordring an der Schönhauser Allee durchfuhr. Die gelben Wagen der 3. Klasse hatten Holzbänke, die roten der 2. Klasse Ledersitze. Ab 1927 waren die gelben Wagen Nichtraucher, die roten Raucher; heute ist das Rauchen – auch auf den Bahnhöfen – verboten.

Bis zum dritten Bahnhof für 15 Pfennige – so stand es unter dem U-Bahn-Netzplan zu lesen, an dem sich die junge Dame am U-Bahnhof Potsdamer Platz am 5. September 1942 orientierte.

Der Bahnhof Stadion liegt am 10. August 1926 noch im Tageslicht, doch der U-Bahn-Tunnel ist bereits erkennbar, in dem die Züge – bis auf die spätere Hochbahn-Strecke – unter der Erde fahren (links).

U-Bahnhof Wittenbergplatz, Verteilerbahnhof nach Krumme Lanke und Uhlandstraße (unten)

Hochbahnhof Nollendorfplatz – hier wurde die U-Bahn zur Hochbahn. Bis 1961 fuhren die Züge noch bis Pankow, seit 1972 ist die Strecke stillgelegt. In 18 alten U-Bahn-Wagen innerhalb der Halle befindet sich heute ein Flohmarkt (oben).

Am 11. März 1932 wurde an der Erweiterung der Bahnsteige gearbeitet, um auch Acht-Wagen-Züge einsetzen zu können (rechts).

Bahnhof Gleisdreieck mit ausfahrendem Zug nach Alexanderplatz, 2. August 1926 (oben)

14. August 1927: oberer Bahnsteig mit einem Zug nach Hauptstraße (Schöneberg) über U-Bahnhof Nollendorfplatz

Am 28. August 1926 fotografierte ich vom Hochbahnhof Gleisdreieck die Gleisanlagen des Potsdamer Bahnhofs. Rechts noch die alte Stammlinie der Hochbahn mit einem Zug in Richtung Potsdamer Platz. Seit dem Bau der Mauer ist diese Strecke unterbrochen (oben rechts).

Derselbe Blick (rechts) ein halbes Jahrhundert später: Auf dem Bahnkörper von einst wuchert das Grün. Rechts daneben liegen bereits die Fahrträger der neuen Magnetbahn, die – als Verkehrsmittel der Zukunft konzipiert – noch in den achtziger Jahren eine Versuchsstrecke zum neugeschaffenen Platz am Kulturforum (Philharmonie) aufnehmen wird.

Der alte U-Bahn-Eingang Gleisdreieck wird bis dahin noch ein verwaistes Dasein führen (oben).

Gleisdreieck 1985

Seit 1982 wird das M-Bahn-System (»M« steht für »Magnetbahn«) in Berlin vom Bundesministerium für Forschung und Technologie erprobt.

Die Aufnahme oben zeigt den ersten M-Bahn-Versuchswagen im Bahnhof Gleisdreieck.

Fahrträger statt Schienen auf der ehemaligen Hochbahn-Strecke mit Blick zum Bahnhof Gleisdreieck (oben rechts) und in Richtung Potsdamer Platz mit dem zugeschlossenen Tunneleingang (rechts)

Die Hochbahnstrecke über dem Landwehrkanal mit dem Bahnhof Möckernbrücke am 1. April 1938

Die alte Stammlinie der Hochbahn führte am Landwehrkanal entlang zur Warschauer Brücke. Am 11. Mai 1927 krönten noch zwei Reichsadler mit erhobenen Schwingen die beiden Einfahrtspylone zum Bf Hallesches Tor. Später wurde der Bahnhof sichtlich nüchterner gestaltet; Treppen, lange Gänge und Rolltreppen führen nun tief hinunter zur neuen Nord-Süd-U-Bahn-Linie 6.

Am 4. Juli 1928 stand der Hochbahn-Viadukt am Kottbuser Tor auf Stelzen, denn hier entstand der große Umsteigebahnhof zur U-Bahn-Linie 8, die von Neukölln nach Gesundbrunnen gebaut wurde. Es war ein schwieriges Vorhaben, an dieser Kreuzung eine tiefe Baugrube auszuheben, ohne dabei den oben laufenden Verkehr zu stören.

31. Dezember 1937

Sylvester in der U-Bahn: zuversichtlich verhaltene Gesichter zwischen Kaiserhof und Krumme Lanke

Am 22. Dezember 1929 hatte sich die U-Bahn – als Einschnittbahn – bis nach Zehlendorf getastet. In Onkel Toms Hütte sollte dem Bahnhof eine Ladenstraße angegliedert werden, die sich inzwischen zu einem Einkaufszentrum entwickelt hat.

Wo immer auch man die U-Bahn verläßt – man atmet stets Berliner Luft! – Zoo-Ausgang zur Kaiser-Wilhelm-Gedächtniskirche am 8. August 1935

Berliner Straßenverkehr

Der Potsdamer Platz

Um die Jahrhundertwende wurde am Potsdamer Platz die größte Verkehrsdichte des Kontinents gemessen. Vom »bahnbrechenden« Verkehrsturm wurde inzwischen der Arm des Schutzmannes durch Ampeln abgelöst. In den Zufahrtsstraßen jedoch – wie auf dem rechten Bild in der Potsdamer Straße – stauten sich Straßenbahnen, Doppeldecker, Kraftdroschken sowie der Individualverkehr, wozu am 21. Dezember 1929 auch noch Pferdefuhrwerke, Radfahrer und Fußgänger gehörten.

Haus Vaterland am 1. November 1929 – Zentrum des nächtlichen Fremdenverkehrs; seine sich drehende Lichterkuppel erhellte den Potsdamer Platz bis zur Verdunkelung im Kriege (links).

Blick vom Potsdamer Platz über die Mauer in die Leipziger Straße am 13. Juni 1972; links stand einmal der gotische Bau des renommierten Warenhauses Wertheim.

Brandenburger Tor

Eine Hochflut des Verkehrs erlebte das Brandenburger Tor zur Olympiade. Am 12. August 1936 bewegte sich zwischen dem Olympiastadion und der Innenstadt alles, was Räder hatte.

Seit dem 13. August 1961 verläuft ein Teil der Berliner Mauer zwischen Potsdamer Platz und Brandenburger Tor. Einst lag hier die verkehrsreiche Friedrich-Ebert-Straße – jetzt ist hier jeglicher Verkehr gestorben (rechts).

Am 12. Dezember 1955 gab es noch einen ungehinderten Durchlaß von West nach Ost und Ost nach West – das Brandenburger Tor in der Vorweihnachtszeit (unten links). Am 25. März 1977 konnte man vom Reichstag aus nur noch über die Mauer zum Brandenburger Tor sehen; die Quadriga von Gottfried Schadow hat inzwischen wieder ihren alten Platz eingenommen (rechts).

In der Berliner Innenstadt, die in den zwanziger Jahren schon »City« genannt wurde, verdrängten die zweistöckigen Busse immer mehr die schienengebundenen Straßenbahnen. Am 27. Oktober 1934 waren der Lärm und die Luft an der Ecke Friedrich-/Leipziger Straße schon sehr »dicke«.

Anläßlich der 700 Jahr-Feier am 15. August 1938 wurden die Berliner noch einmal an die »Gute alte Zeit« erinnert: Ein Einspänner der »Allgemeinen Berliner Omnibus Aktien-Gesellschaft« mit der Linie 4 vor dem historischen Café Kranzler Unter den Linden (oben).

Fünfzig Jahre später ist im Osten ein völlig anderes Berlin entstanden; an das alte Berlin erinnert lediglich noch der Turm des Roten Rathauses, der sich markant vor dem Hotel-Hochhaus und neben dem Fernsehturm am Alexanderplatz abhebt (unten).

Wer es näher sehen will, muß sich immer noch mit einem Visum durch einen der wenigen Übergänge durchschleusen lassen, wie hier der sog. Checkpoint-Charlie in der Friedrichstraße, dem Übergang für Ausländer.

Kaum ein Platz hat sein Gesicht so oft gewechselt wie der Alexanderplatz. Am 17. August 1926 ging es an der Einmündung der alten Königstraße sehr laut zu, und die behelmten Schupos hatten alle Hände voll zu tun, um Straßenbahnen, Omnibusse, Kraft- und Pferdedroschken, bespannte und motorisierte Fahrzeuge in die richtigen Wege zu dirigieren. Dazu kamen Schwärme von Menschen, die Stadtbahn und U-Bahn nach jedem angekommenen Zug ausspuckten; diese stürzten sich alsdann halsbrecherisch in den Verkehrsstrom.

Am Alexanderplatz wurde seit Generationen gebuddelt und gebaut. Am 23. September 1930 wurden am Engpaß zum Bahnhof die ersten beiden Hochhäuser gebaut, während unter dem auf Brettern laufenden Verkehr der größte mehrstöckige U-Bahnhof entstand.

U-Bahn-Eingang vor dem Kaufhaus Hermann Tietz am 1. Dezember 1934 (oben)

Am 22. August 1935 hatte sich die Decke über dem U-Bahnhof bereits in ein großes, mit Rasen bewachsenes Rondell verwandelt, über das alle hier zusammenlaufenden Straßenbahnlinien kreuzten, während der übrige Verkehr darum herum Karussell fuhr.

Krieg und sozialistischer Wiederaufbau nahmen dem Alexanderplatz den letzten Rest der Geschichte und verwandelten ihn in ein Bau-Agglomerat (links).

Der Tiergarten, einstmals Tiergehege der Kurfürsten, Oase im Häusermeer, Lunge Berlins und nach der Kapitulation Brennholz für die frierende Bevölkerung, steht heute wieder in seiner vollen Pracht, durchzogen von der Ost-West-Achse (Straße des 17. Juni) und zwei belebten Nord-Süd-Verbindungen (links).

Am 27. Oktober 1934 fuhr die Linie 75 noch durch den Tiergarten nach Spandau-Hakenfelde. Mit dem Umbau der ehemaligen Charlottenburger Chaussee zur Ost-West-Achse verschwand die Straßenbahn. Bis 1955 fuhren in Berlin noch Wagentypen aus der Zeit vor dem Ersten Weltkrieg; die Aufnahme zeigt einen solchen umgebauten Wagen am 1. August 1942 bei der Beförderung von Fremdarbeitern (unten links).

Am Großen Stern steht der Goldene Engel auf der Siegessäule, hier am 6. Juli 1957 umringt vom anflutenden Verkehr zur Internationalen Bauausstellung im Hansa-Viertel. In seiner Eigenschaft als Siegesengel war er übrigens selbst einmal Verkehrsteilnehmer, als er nämlich in den dreißiger Jahren vom Königsplatz vor dem Reichstagsgebäude hierher umzog (unten rechts).

Am 21. Januar 1939 hing noch der göttliche Kopf samt Siegerkranz und Adler in der Schlinge des Kranes, der ihn durch die Lüfte hob. – Symbolhafte Zeichen für das herannahende Schicksal unserer Stadt!

Ein Blick vom Brandenburger Tor auf das Reichstagsgebäude am 30. April 1938 vermittelt einen Eindruck von der damaligen Verkehrssituation.

Rund um die Gedächtniskirche sah es nach dem Kriege verheerend aus; nur die Turmruine vermittelte noch die Orientierung. Dennoch: Heute ist hier wieder die Drehscheibe West-Berlins. – Am 1. August 1926 bot sich vom Fernbahnsteig Zoo dieser Anblick der Hardenbergstraße mit der Kaiser-Wilhelm-Gedächtniskirche, so wie sie als Postkarte in alle Welt verschickt wurde. Ein Akkumulator-Wagen von 1897 der ehemaligen Berlin-Charlottenburger Straßenbahn im Einsatz auf der Linie 89E (Zoo Prager Platz – Hallesches Tor – Kottbuser Tor – Schlesisches Tor, rechts)

Das CAPITOL, Berlins erstes Filmpremieren-Theater vor der Gedächtniskirche am 1. August 1926. Markant aber der erste Schnell-Linienbus „E", der auf luftbereiften Rädern die Strecke von Unter den Linden bis nach Grunewald in 20 Minuten zurücklegte.

Ein letztes Modell, welches nur kurz in Berlin lief, war dieser Zug der Linie 75, der – ganz unberlinisch im Aussehen – am 16. Juli 1957 in der Kantstraße hielt. Mit Stillegung der letzten Straßenbahn wanderten auch diese Wagen ins BVG-Museum nach Britz (unten).

„Berlin liegt nicht an der Spree, Berlin liegt an der Umleitung" – Slogan eines Berliner Taxifahrers, der uns am 30. April 1960 in die Nähe der Gedächtniskirche brachte.

Zwanzig Jahre später bietet sich der Breitscheidplatz vom i-Punkt des Europa-Centers als Zentrum West-Berlins dar.

Der »Ku-Damm« in den dreißiger Jahren

Am 2. Februar 1957 war die Stimmung schlecht, denn bei dem eisigen Schneesturm bekamen die wartenden Fahrgäste kalte Füße, bis die 55 E endlich kam (links oben)

Stammlinien des Kurfürstendamms waren die 76 und 176 sowie die Omnibuslinien A1 und A2. Jahrzehntelang fuhren sie hier herauf und herunter, bis eines Tages die Schienen auf dem Mittelstreifen dem gestiegenen Autoverkehr Platz machen mußten (links Mitte).

Saison hatte der »Ku-Damm« von März bis Oktober. Wenn die ersten warmen Sonnenstrahlen auf die runden Tische vor den Lokalen fielen, war kaum ein Platz mehr frei; Kranzler am 21. März 1930 (unten).

So kannten den Kurfürstendamm nur wenige: Am 4. Dezember 1940 um 10.20 Uhr heulten die Sirenen. Zwar handelte es sich damals noch um einen Probealarm, doch war im Rahmen des Luftschutzes jeglicher Verkehr untersagt.

Und so bot sich die Ecke Kurfürstendamm/Joachimstaler Straße im Jahre 1974 bei einer Tasse Kaffee von der Terrasse des »Kranzler« aus dar.

Das »Knie« von Berlin ist geographisch zu verstehen: Vom Brandenburger Tor führt die »Ost-West-Achse« durch den Tiergarten schnurgerade bis zu der Stelle, an der sie nach Charlottenburg hin ein Knie macht.

Am 4. November 1936 war das »Knie« aufgerissen. In Richtung Charlottenburger Rathaus wurden seine Sehnen (sprich: Straßenbahn-Gleise) von den Fahrbahnrändern in die Mitte der Straße verlegt (links).

Blick vom 80 m hohen Telefunken-Haus auf das Gelände der Technischen Universität, Charlottenburger Tor, Siegessäule bis hin zum Brandenburger Tor über die ganze Straße des 17. Juni. Die Aufnahme entstand am 4. November 1965 (unten).

Nach dem Kriege wurde das »Knie« zur Drehscheibe, zum größten und repräsentativsten Platz Westberlins umgebaut, mit einer aus 41 Fontänen bestehenden Springbrunnen-Anlage. Der Platz trug den Namen Ernst Reuters, jenes ersten Bürgermeisters, der in der Zeit größter Not die Welt mit den Worten beschwor: „Seht auf diese Stadt Berlin!" (oben).

Einmündung der Hardenbergstraße zum Ernst Reuter-Platz — Am 28. April 1960 beherrschten noch die Straßenbahnen das Bild. Ihr Schicksal war zu dieser Zeit aber bereits beschlossen, und ihre Gleiskörper mußten dem wachsenden Verkehr weichen (rechts).

Rund um den Funkturm, der zur Funkausstellung 1926 eröffnet wurde, entwickelte sich das Berliner Messe- und Ausstellungs-Gelände. Mit den großen internationalen Veranstaltungen, wie Funkausstellung, Grüne Woche, Industrie-Ausstellung, Reitturnieren, Automobil-Ausstellung und wie sie sonst alle heißen, verschaffte sich Berlin Weltgeltung, so auch auf der Deutschland-Ausstellung, wo 03 256 die Besucher am 15. Juli 1936 faszinierte (nächste Seite, links oben).

Am 20. November 1929 stießen qualmende und fauchende Dampflokomotiven schwerbeladene Lorenzüge durch den märkischen Sand und begannen die Neugestaltung des Ausstellungs-Geländes (unten).

Am 26. August 1930 hatte man vom Funkturm einen prächtigen Blick auf die alte Automobil-Ausstellungshalle, den Ringbahnhof Witzleben und über Charlottenburg bis zum Tegeler Forst.

S-Bahn und BVG taten das ihre, um die werdende Ausstellungsstadt verkehrsmäßig anzubinden. Die Aufnahme zeigt den Bf Eichkamp mit einem S-Bahn-Zug am 23. März 1930. – 1935 wurde die Deutschland-Halle mit 8000 Zuschauer-Plätzen eröffnet.

Mit dem 1981 fertiggestellten überdimensionalen ICC-Kongreßzentrum hat die Entwicklung am Zugang nach West-Berlin ihren vorläufigen Abschluß gefunden (oben rechts).

Am 25. Mai 1934 starteten Caracciola und v. Brauchitsch mit ihren Rennwagen auf der Avus, der ersten Automobil-Rennstrecke in Deutschland. Heute ist sie Teil der Berliner Stadtautobahn, die neben dem U-Bahn-Netz der schnellste Verkehrsträger geworden ist (rechts).

Luftverkehr

Berlin lebt und existiert mit dem Luftverkehr. Mit dem Start des ersten Flugzeugs der Welt fing es an, und bis zu den zwanziger Jahren hat es gedauert, bis sich Berlin zu einem Weltflughafen entwickelte. – Am 15. Juni 1927 erstrahlte das erste Flughafen-Gebäude auf dem Tempelhofer Feld in vollem Glanz (oben).

Am 5. November 1928 machte D-LZ 127 GRAF ZEPPELIN auf seiner Amerika-Reise in Staaken fest. Reichspräsident Hindenburg kam in einem Acht-Zylinder-Maybach vorgefahren, um den Erbauer des Luftschiffes zu begrüßen.

Am 6. Juni 1928 kam die Filmschauspielerin Maria Minczenty aus Budapest mit einem Linienflugzeug der Deutschen Lufthansa an, zusammen mit der »Wochenschau« konnte ich diesen denkwürdigen Moment festhalten (oben).

Der Zentralflughafen mit seinen doppelstöckigen Flugsteigen und seinem 400 m langen Bau ist ein Werk der dreißiger Jahre. Seinen Höhepunkt erreichte er während der Berlin-Blockade 1948/49, als die Stadt durch 250 000 Versorgungsflüge der Alliierten am Leben erhalten wurde. Das Luftbrücken-Denkmal erinnert an diese Tat (links).

Im Jahre 1957 landeten täglich 200 Maschinen auf dem Zentralflughafen Tempelhof; sie stellen nach wie vor die ungehinderte Verbindung zwischen Westberlin und dem Bundesgebiet her. (Oben rechts).

Heute hat der zu einem internationalen Airport ausgebaute Flughafen Tegel die Aufgaben von Tempelhof übernommen (rechts).

Verkehr auf Spree und Havel

Fast 750 Jahre ist es her, seit sich im Jahre 1237 die beiden Marktflecken diesseits und jenseits der Spree vereinigten. Etwa an dieser Stelle wurde die Gründung der beiden Nachbarstädte Cölln und Berlin vollzogen. – Am 1. August 1926 besaß das alte Berlin noch etwas von jenem Fluidum, eine Stadt am Wasser zu sein; hier an der Mühlendamm-Brücke lagen damals Spreekähne und rauchende Schlepper vor der Schleuse, um abgefertigt, entladen oder weitergeleitet zu werden.

Berlin war nach Duisburg der größte Binnenhafen Europas. Auch heute, nach der Teilung Berlins, sind Spree und Havel für die Versorgung der Stadt von außerordentlicher Bedeutung.

Der Dampferverkehr auf Spree, Havel und den zahlreichen Seen um Berlin war für die Berliner von jeher das »kille kille über'n Sonntag«. Die Reederei der Stern- und Kreisschiffahrt unterhielt mit ihren Schiffen ein Liniennetz auf allen Wasserstraßen in und um die Stadt.

Am 15. Juli 1929 waren die Schiffsgäste der »Europa«, die auf dieser Aufnahme gerade zum Wannsee fahren, noch stark den Rauchschwaden aus dem Kamin ausgesetzt. Heute ist die Fahrt auf der Havel mit luxuriösen Motorschiffen ein einmaliges Erlebnis.

Am 6. Mai 1938 entstand diese Aufnahme vom Dach des Reichstags-Gebäudes: Ein Schleppzug tuckert, von der Kronprinzen-Brücke kommend, spreeaufwärts zur Mühlendamm-Schleuse (links).

Insel Berlin

... immer gegenwärtig, daß Berlin eine Insel ist:

Ruine des Anhalter Bahnhofs am 9. Juni 1965 (links)

Warnschilder am 30. Juli 1957 am S-Bahnhof Wannsee (unten)

(nächste Seite)
Symbolische Richtungsschilder am Mehringdamm

Im Stacheldraht endende Vorort-Strecke – hier raste ein besetzter Vorort-Zug, von Falkensee kommend, durch die Sperranlagen nach Westberlin (oben rechts).

An der »Mauer« in Kreuzberg (unten rechts)

1
Königsberg i. Pr. 590 km
über Dtsch.-Krone 243 km
1
Danzig 470 km
über Dtsch.-Krone 243 km
Leipzig 164 km
über Potsdam 28 km
2
Magdeburg 149 km
über Potsdam 28 km
1
5
Breslau 330 km
über Frankfurt a. Oder 88 km
5
Gleiwitz 478 km
über Frankfurt a. Oder 88 km

Luckauer Straße
Gehweg
Sowjetsektor

FUNKTURM IM WESTEN

FERNSEHTURM IM OSTEN

Inhaltsregister